Friedrich Meinert

Die schöne Landbaukunst

Friedrich Meinert

Die schöne Landbaukunst

ISBN/EAN: 9783743411937

Hergestellt in Europa, USA, Kanada, Australien, Japan

Cover: Foto ©Thomas Meinert / pixelio.de

Manufactured and distributed by brebook publishing software (www.brebook.com)

Friedrich Meinert

Die schöne Landbaukunst

Die
SCHÖNE
LANDBAUKUNST

oder

NEUE IDEEN UND VORSCHRIFTEN

zu

Landgebäuden, Landhäusern und Oekonomie-Gebäuden im gefälligen;
Ideen zu Gebäuden für öffentliche und Privatbelustigungen, ingleichen zu
Gebäuden im ernsthaftern aber edlen Style, in Grundrissen,
Aufrissen und Durchschnitten.

Dargestellt

durch Kupfertafeln

von

einigen der besten Baumeister und Conducteure in Sachsen.

Erläutert

von

Friedrich Meinert,

Königl. Preufs. Ingenieur-Lieutenant, Professor der Mathematik und der Kriegswissenschaften auf der Friedrichsuniversität
zu Halle, des Hochfürstl. Hessen-Casselschen Staatswirthschaftlichen Instituts zu Marburg außerordentlichem und der
Herzogl. Sachsen-Gothaischen Societät der Forst- und Jagdkunde zu Waltershausen Ehrenmitgliede.

Leipzig, 1798.
bei Friedrich August Leo.

VORBERICHT.

Die gegenwärtige Schöne Landbaukunst steht, laut der Ankündigung, mit dem Magazine für Freunde des guten Geschmacks, welches ebenfalls bei dem Endesgenannten Verleger erscheint und noch bis jezt mit Beifall aufgenommen wird, in Verbindung, so dafs die Schöne Landbaukunst Ideen zur Veredelung gröfserer Gegenstände enthält, die zur Verschönerung grofser Ländereien und Landsitze gehören, das Magazin aber alle übrigen Gegenstände fafst, welche zur Erhöhung und Verschönerung einzelner englischer Gartenparthien dienen, und in den Heften des genannten Magazins unter der Rubrik: Ideen für Gartenfreunde, erscheinen.

Beide Werke also machen zwar ein gemeinschaftliches Ganzes, doch so, dafs auch jedes für sich, unabhängig vom andern, gekauft und benützt werden kann.

Da es bis jezt uns Deutschen, noch an Werken der schönen Landbaukunft mangelt, und der deutsche Geschmack sich allmählig heraufarbeitet, um den Ausländer nicht immerfort ängstlich zu kopiren: so ist zu hoffen, dafs das gegenwärtige Unternehmen, einzig in seiner Art, den Freunden des einheimischen Geschmacks willkommen sein werde.

Man hat sich bemühet, eine Sammlung von Ideen diefer Art von Deutschen, meist sächfifchen Künftlern zu erhalten, die Alles enthält, was die Schöne Landbaukunft nur zweckmäfsiges in sich begreift.

Die Werke der schönen Architektur des Alterthums, waren bis jezt der einzige Maasstab zu unsern architektonischen Gegenständen, wenn sie eine gesetzmäfsige Kritik aushalten sollten, und dieser Maasstab wird so lange bleiben, bis die neuere Architektur Gegenstände aufzuweisen hat, welche jene, der Griechen und Römer an ächtem Geschmacke übertreffen. Da nun hierzu wenig Hoffnung vorhanden ist, so ist es Pflicht jedes Architekten, sich in den Geist der alten Architektur einzustudiren, und diesen auf ihre Werke überzutragen. Je mehr nach Lage und Umständen unsere Architektur sich der griechischen und römischen nähert, je vollkommner wird der Geschmak.

Aufser der griechischen und römischen Architektur, die man ausschliefsungsweise die Architektur der Alten nennt, liefert die der ältern Egyptier und der Chinesen Gegenstände, die dem edeln Style der Griechen zwar weichen, aber dennoch zur Ausführung mancher Ideen nachgeahmt werden können. Auf eine ähnliche Art verhält es sich mit der Architektur neuerer Völker, die sich eine eigene gebildet haben.

Das Alte mit dem Neuern zweckmäfsig verbunden, und an Ort und Stelle da angebracht, wo der Charakter eines Gebäudes diese oder jene Hülfe nöthig erfordert, ist das Werk des Genies der neuern Architekten.

Der Zweck des gegenwärtigen Werks ist zunächst, Landguthsbesitzern durch Ideen der griechischen, römischen, egyptischen, chinesifchen, gothischen und neuern Architektur zu Hülfe zu kommen, um darnach ihre etwa zu etablirenden architektonischen Gegenstände selbst zu charakterisiren, wenn Mangel an Architekten von Geschmak, ihre eigenen Bemühungen nöthig macht.

Wie glücklich wir bei der Wahl und Charakterisirung der Gegenstände gewesen sind, müssen Kenner entscheiden.

Eine gewisse Ordnung in der Folge der Ideen konnte nicht beobachtet werden; übrigens wird man uns hoffentlich Gerechtigkeit wiederfahren lassen, dafs wir keine Kosten gesparet haben, das Werk an Kupfern und Text so elegant als möglich zu liefern, um es ähnlichen Werken des Auslandes an die Seite setzen za können.

Die Fortsetzung wird, bei zu hoffender Unterstützung der Freunde der schönen Architektur, von Messe zu Messe ununterbrochen erscheinen.

Leipzig, in der Ostermesse 1798.

Friedrich August Leo,
Buchhändler.

I.

Ein Landhaus einer wohlhabenden bürgerlichen Familie.

Da auf dem Lande, Einwohner von verschiedenem Stande, von verschiedener Bestimmung und von ungleichem Vermögen vorkommen, so kommen auch Häuser von verschiedenem Charakter vor.

Jeder charakterisirt sich sein Haus oder seine Wohnung, von Aufsen oder von Innen, oder von Aufsen und Innen zugleich, nach seinem Stande, nach seiner Lebensweise, nach dem Grade seines Geschmaks und nach seinem Vermögen. Hierdurch entsteht eine Mannichfaltigkeit unter den Landhäusern, welche die Einförmigkeit unterbricht und das Land zum angenehmen Spiele der Phantasie macht.

Ist die innere Einrichtung dem Zwecke der bewohnenden Familie entsprechend, so können die zufälligen Eigenschaften, wenn sie nur nicht ins Lächerliche fallen, vom städtischen oder höhern Charakter der Gebäude, entlehnt werden, und Niemand wird einen Ausdruk von einem Landhause tadeln, der seine Wirkung auch unter städtischen Gebäuden nicht verfehlen würde.

Das gegenwärtige Landhaus gehöre einer wohlhabenden bürgerlichen Familie (einem Kaufmanne, Fabrikanten, einem Gelehrten, einem Justiz- oder Polizeioffizianten — einem Kapitalisten etc.).

Die Zeichnungen enthalten die Grundrisse beider Etagen, den Aufrifs von der vordern Seite und einen Theil des Queerdurchschnitts.

I. Das Parterre ist um vier Stufen von der Erde erhöht.

A ist ein gemeinschaftliches Zimmer, aus welchem man linker Hand in die Küche B kommt; C die Gesindestube; D die

Speisekammer, welche ihre Beleuchtung durch ein Fenster unter der Treppe erhält. Unter dieser Speisekammer erhält ein kleiner Wirthschaftskeller seine Lage, in welchen man aus der Küche kommen kann; die Treppe des Kellers wird mit einer Fallthüre bedeckt.

E ist ein Wohnzimmer rechts neben A; F ein grofses oder Gesellschaftszimmer; G die Treppenflur, auf welcher die Treppe in die Hauptetage führt; H der Platz zu den Einheitzungen der Zimmer A, E und F. I und K sind Abtritte. L ist die hintere Thüre, durch welche das Gesinde unter der Treppe nach der Küche und durch diese in seine Stube kommt, um nicht durch das Zimmer A gehen zu dürfen.

II. Die Hauptetage.

a, e und f sind Wohnzimmer, b und c aber Kinderstuben. d ist eine Schlafkammer; g ein Vorplatz, worauf die Treppe zu den Dachstuben und Kammern, liegt. h ein Platz, um Holz oder Geräthe von allerhand Arten aus den Händen legen zu können; i ein Abtritt; k ein Raum zu einer Garderobe. l bezeichnet Thüren.

III. Der Dachraum.

Ueber dem Zimmer a liegt die Stube des Informators. Der übrige Raum im Dache wird nach Bedürfnifs zu Kammern und zu Bodenraum benutzt.

Der Aufrifs von beiden Etagen und der über a befindlichen Dachstube, zeigt Festigkeit, und hat ein zierliches Ansehen.

Die untere Etage oder das Parterre ist entweder aus Quadersteinen erbaut und hat verzahnte Ecken. Thüre und Fenster haben scheitrechte Bogen; oder das Ganze ist so abgeputzt. Der Theil, worinn sich die Zimmer A a und die Dachstube befinden, treten vor, und bilden den Vorsprung oder das Risalit, wodurch die lange Seite des Gebäudes unterbrochen, und das Auge in der Betrachtung aufgehalten wird. Das Parterre wird von der darüberstehenden Etage durch ein mit **Zahnschnitten** (eine Art von **Medaillons** oder **Sparrenköpfe**) aus einer höhern Säulenordnung verziertes **Band- oder Gurtgesimse**, abgesondert.

Die **Hauptetage** ist leichter als die untere, und besteht aus Ziegelmauer, oder aus Holz, und ist auf **holländifche Art** abgeputzt. Die Verzahnungen treten nur wenig vor.

Das **Hauptgesimse** ist dem Gurtgesimse ähnlich, hat aber mehr Ausladung.

Die vortretende **Dachstube** ist ländlich von Holz aufgesetzt mit ausgefüllten Feldern erbaut und mit einem **venetianischen Fenster** versehen.

Das Hauptdach ist deutsch mit ganzen Walmen und Dachfenstern.

Im **Durchschnitt** sieht man die Holzverbindungen in den Etagen sowohl, als im Dache, und die Höhe der Etagen.

Lage, Aussicht und Nebengestände erhöhen den Charakter dieses Gebäudes und vergröfsern die Annehmlichkeit des Bewohners.

Auf einer Ebene, umgeben von einem ländlich, aber veredelten Garten, wird es durch seine Höhe von den niedrigern Landgebäuden hervorgezogen. Die Aussicht der vordern Seite treffe auf einen freien Platz, um welchen die **Kirche, der herrschaftliche Hof, die Pfarre und Schule, ein Gasthof etc.** erbaut ist; die der hintern Seite aber führe über den Garten ins Feld, welches aus der Hauptetage in weiten Strecken übersehen werden kann.

Auf einer Anhöhe aber, oder vor dem Dorfe, umgeben von einem Garten, begränzt von angenehmen Wiesen und Fluren, zeige die vordere Aussicht entfernte Dörfer oder eine Stadt, die Aussicht von der Rükseite treffe auf ein Holz oder in einen Wald. So gestellt erregt die Aussicht auf der einen Seite heitere Freude, und auf der andern ladet sie zur stillen Einsamkeit ein, und stimmt die Seele zu melancholisch-angenehmen Gefühlen.

Die kleinern Nebenwohnungen, in der Nähe oder Entfernung, die den Landarbeiter genugsam, aber ungeschmükt gegen Kälte, Hitze und Witterung schützen, erhöhen den Reitz des gegenwärtigen Gebäudes.

Es bewohne dieses Landhaus eine wohlhabende Familie, welche von ihrem Ueberflusse dem ärmern Landbewohner Gutes thue; der Wirth, ein Mann von Kenntnissen und fühlendem Herzen, sei Rathgeber den Minderverständigern, Hülfe den Armen, Muster der Tugend, und belehre durch Worte und Beispiele.

Landbewohner dieser Art vergessen leicht die geräuschvollen Freuden der Städte, benützen ihr Vermögen ungestört, und geniefsen die wahren Vergnügungen des Lebens unbeneidet. Ihr Verstand, ihre Sittlichkeit, und ihr froher Sinn bleibt nicht ohne Früchte; der Landmann, von Natur gut und von städtischer Sitte unverdorben, kultivirt sich, durch solche Muster gereitzt, ohne absichtliche Veranlassung.

II.

Ein Landhaus, für eine reichere bürgerliche, oder für eine adeliche Familie.

Gebäude, zu Wohnungen für reichere Familien aus dem Bürgerstande, oder für adeliche Familien bestimmt, die entweder das ganze Jahr, oder nur einen Theil desselben, etwa den Sommer auf ihren Landsitzen zubringen, werden durch einen höhern Charakter, von den übrigen Landwohnungen abgestuft. Der Charakter dieser Gebäude, kann nach Stand, Vermögen und Geschmak zu dieser oder jener Gattung gehören, nur muſs er in den Gränzen der Privatgebäude bleiben, und nicht in den Charakter der öffentlichen Gebäude übergehen.

Nach einem edlen Charakter ist das gegenwärtige Landgebäude gezeichnet, der zwar höher ist, als der Charakter des Landhauses Nro. I., aber doch nicht in den eines öffentlichen Gebäudes greift.

Der Entwurf zu diesem Hause ist in den beiden Grundrissen und im Aufrisse der vordern Seite enthalten.

I. Das Parterre.

Es ist durch sechs Stufen von dem Boden, worauf das Gebäude steht, erhöhet.

> A ist eine Vorhalle; B ein groſses gemeinschaftliches Zimmer (Speisesaal.) C und D sind Wohnzimmer, E ist die Treppe in die Hauptetage; F die Küche, worinn der Heerd und eine Anlage zu Kasserol- oder Menagefeuerungen angebracht sind; G die Speisekammer und H die Treppe in den unter der Küche liegenden Keller. Die Einheitzun-

gen der Zimmer B und C liegen in der Küche und die in D auf dem Treppenflure E.

II. **Die Hauptetage.**

a ist eine Vorhalle; b ein gemeinschaftliches Zimmer oder ein Saal. c und d sind Wohnzimmer. f ist eine Stube zum Aufenthalte für die Bedienten. e der Treppenflur mit der Treppe; um darauf in die Dachstuben, Kammern und auf den Bodenraum zu kommen. Im Dachraume ist über dem Zimmer f eine Kinderstube, und über dem Zimmer d eine Stube für den Informator; aller übrige Raum dient theils zu Kammern für die Bedienung und ökonomischen Gebrauch, und zu Böden. Die Oefen dieser Etage werden in den Zimmern geheitzt, und der Rauch wird in die Schorstein-Röhren der ersten Etage geleitet.

Der Aufrifs hat an den Ecken, wie die Grundrisse zeigen, zwei Risalite, welche Flügel ausdrücken. Durch diese Anlage wird die Einförmigkeit unterbrochen, die Mitte tritt zurük, und die Vorsprünge ziehen sich vor und tragen zur Verschönerung des Ganzen nicht wenig bei.

Die Risalite in der untern Etage sind im Sokkel gequadert, wodurch das Gebäude ein Ansehen von zweckmäfsiger Festigkeit erhält. Im Sokkel oder Fufse sieht man die Kelleröffnungen. Die Ecken sind auf dieselbe Art verzahnt, und die Wandflächen gequadert abgeputzt. Ueber den uneingefafsten Fensteröffnungen liegt ein gerader Sturz, der von geraden Konsolen unterstützt wird. Den Sturz umgiebt oberwärts ein scheitrechter Bogen, der Festigkeit verspricht. Die Vorhalle im Mittel des Gebäudes begränzen gemauerte Pfeiler, zwischen welchen die Eingänge mit einem feierlichen halbkreisförmigen Bogen überwölbt, liegen. Auf dem mittlern Eingang im Innern der Vorhalle trift die Thüre in das gemeinschaftliche Zimmer A, und auf beiden Seiten stehen Nischen oder Bilderblinden, worinn ein Paar Statüen stehen, welche den Charakter des Gebäudes verstärken, oder näher bestimmen müssen.

Bei der Wahl der Statuen sei man vorsichtig, denn sie charakterisiren den Besitzer am deutlichsten. Sie müssen nie ohne Bedeutung sein, und wenn sie auf den Besitzer hinweisen; so sei ihre Bedeutung bescheiden, nie aber ruhmsüchtig. Die Mythologie giebt dazu den besten Stoff, nur wähle der Besitzer mit Verstand.

Das Parterre wird durch ein ungeschmüktes Gurt- oder Bandgesimse von der Hauptetage abgesondert, und der mäfsige Vorsprung läfst nur einen sehr wenig vorspringenden Fufs zu, der mit den verzahnten Ecken in Verbindung steht. Der Anputz der Hauptetage ist holländisch; die Fenster haben ungekünstelte Einfassungen und sind oben mit einem geraden Sturze bedekt, den geschweifte Konsolen unterstützen. Der über dem Sturz stehende Bogen ist flach, und verstärkt den Begriff der Festigkeit in dem Grunde, als man ihn in der obern Etage erwartet. Die Mitte oder die Vorhalle der Hauptetage ist durch zwei Säulen auf einfachen Würfeln unterstützt; zwischen den letztern ist eine Brustlehne von chinesischem Gitterwerke angebracht, so, dafs die Vorhalle zur offenen Gallerie wird. Der obere Theil der dem Saal a auswärts begränzenden Mauer enthält eine Verzierung nach Art der Friese, und die Säulen stützen das darüber liegende Kranzgesimse. Dies Gesimse, so wie die Hauptgesimse der Risalite, welche Frontons bilden, enthalten Theile aus dem Kranze einer höhern Ordnung mit Modillons. Die mit flachen Bogen geschlossenen Oefnungen in den Giebelfeldern beziehen sich auf den Bogen der Vorhalle und die Dachhöhe nähert sich dem Verhältnisse der italiänischen Dächer. Zur Bedachung kann man Schiefer oder Eisenblech wählen, welches letztere einen wetterfesten Ueberzug erhält.

Die Farbe der untern Etage, so wie des Fufses und der Eckpfeiler und Frontons der obern, sei steinartig; die der Wandflächen der Hauptetage kann ziegelfarbig sein, wie die Bauart; den Säulen gebe man einen granit- oder porphyrfarbenen Anstrich.

Die Lage dieses Hauses sei so, dafs die eine Seite in einen Garten mit englischen Anlagen, und die andere auf das Dorf, oder auf die Wirthschaftsgebäude, treffe. Ein etwas erhabner Ort, wird es von den übrigen Gebäuden noch mehr erheben.

Da das Gebäude in einem guten und edlen Style erbaut ist, und Reichthum und Geschmack ausdrückt, so macht es gegen andere ansehnliche Landgebäude einen gewissen Drucker (Reveillon), der die Aufmerksamkeit auf sich zieht, und für den Bewohner einnimmt.

Der Bewohner sei ein, im Verhältnisse der übrigen Landbewohner, reicher und aufgeklärter Mann; seine übrigen Anlagen, als Garten, Gehölze etc. müssen mit der Anlage des Wohnhauses im Einverständnisse stehen.

In einer schönen Landschaft, welche entweder die Natur oder die Kunst geschaffen, wird der Aufmerksame durch den Anblick dieses Hauses angenehm überrascht, weil die Naturgegenstände mit Werken der Baukunst wenig gemein haben, und eine veredelte Natur dennoch ein Gebäude dieser Art als Wohnsitz für einen glüklichen, von der grofsen Welt entfernten, denkenden Mann, verlangt.

Hierher wünscht sich der Städter und der Geschäftsmann, um auf diesem angenehmen und für das Land wirklich schönen Sitze, das Geräusch zu vergessen, und von Geschäften auszuruhn, und die Natur in ihrer wahren Schönheit zu studiren.

III.

Ein Bauerhaus.

Der Charakter der Gebäude eigentlicher Landbearbeiter besteht darin, daſs sich Spuren von Nachläſsigkeit in der Bearbeitung des Baustoffes zeigen, der übrigens von dem der Städtebewohner nicht wesentlich verschieden sein darf.

Die rohe Arbeit scheint hier entweder gar nicht, oder nur dürftig bekleidet zu sein, oder die Bekleidung ist rauh, unvollkommen geebnet, oder sie drükt sich durch bestimmte unebene Flächen aus, wie in dem sogenannten getipfelten oder in dem gestipten Anpütze.

Da der Bauer, vermöge seiner Wirthlichkeit, auch selbst bei kärglich angewandten Materialien, doch gern fest bauet, so muſs diese Eigenschaft den Charakter verstärken helfen. Sichtbar wird diese Eigenschaft, wenn man die Ecken des Gebäudes mit gehauenen Steinen verzahnt, sie mögen nun wirklich in den Mauern existiren, oder nur zu existiren scheinen.

Das Dach muſs merklich höher sein auf dem Bauerhause, als die Dächer der Häuser nicht arbeitender Landbewohner, weil man beim Bauer zweckmäſsig geräumige Vorrathsböden sucht, oder doch anzutreffen wünscht. Die Fenster können schmäler sein, aber doch symmetrisch stehen.

Des wohlhabenden Bauers Wohnung sei so gezeichnet; die Häuser der Aermern stufen sich von selbst bis zum Ausdrucke der Dürftigkeit herab.

Den bäurischen Charakter drükt, nur im veredelten Style, das Bauerhaus No. III. aus.

Es enthält im Aufrisse

1) unter der Wohnstube einen Keller in verschiedenen Abtheilungen im Innern, dessen Höhe über dem Boden, den Fuſs (Sokkel oder die Plinthe) des Gebäudes bildet, der das Ganze von der Erde zweckmäſsig absetzt.

2) ein Erdgeschofs, und

3) eine darüberstehende Hauptetage.

Das Erdgeschofs ist aus gehauenen Bruchsteinen, entweder wirklich erbaut, oder nach einer solchen Form abgeputzt, und zeigt einen festen Verband.

Die Fenstergewände sind steinern und der scheitrechte Bogen drükt Heiterkeit durch die gerade Linie, und Festigkeit durch die marquirten Keile aus. Durch die vorstehenden Köpfe der Deckbalken wird die innere Bauart bezeichnet, und beide Abtheilungen werden auch an der Aufsenseite dadurch von einander abgesondert.

Die Bauart der Hauptetage ist leichter und doch nicht minder fest, als die des Erdgeschosses, und die erstere fällt in die Holländische. Der stehende Ziegelverband verräth Ordnung und ist zierlich, so wie die steinerne Verzahnungen an den Ecken, den Begriff der Dauerhaftigkeit verstärken.

Das Dach faſst zwei Abtheilungen; die untere zu Stuben und Kammern, mit heitern Fenstern; die obere zu Böden mit Dachlucken.

Der Kuhstall am Wohngebäude drükt nach Form und Gröſse, Geräumigkeit, und durch den Dampffang und die dem Gebälke nahen Fensteröffnungen, eine für die Gesundheit des Viches zweckmäſsige Wohnung aus. Das Stalldach zeigt genugsamen Bodenraum, und Bequemlichkeit, zum Heraufbringen des Futters durch die Lucke in der Giebelseite an.

Die Ansicht ist daher dem Charakter entsprechend, und die innere Einrichtung ist es nicht weniger.

Diese enthält:

1) Im Erdgeschosse A eine Vorhalle, um Geschirre oder überhaupt in der Oekonomie nöthige Geräthe trocken stellen zu können. Das darüberliegende Gebälke wird durch vier Pfeiler gestützt; B die Eingangsthüre in das Innere des Geschosses; C das Vorhaus, in welchem die Küche ist. Das Vorhaus vertritt zugleich die Stelle der Gesindestube. D die Wohnstube des Bauers und seiner Familie; E die Schlafkammer. F die Speisekammer; G die Treppe in den Keller; H eine kleine Flur, worinn die Treppe in das Hauptgeschofs liegt; I eine Kammer für die Magd, welche die Küche besorgt; K Abtritte. Durch die Treppenflur kommt man in den Kuhstall L, worinn die Kühe mit den Köpfen zweireihig nach den Umfassungswänden stehen. Das Gebälke des Kuhstalls wird durch eine, im Gange aufgestellte Säule getragen. M ist ein Stall für Kälber, oder auch für kranke Kühe. Der Eingang für das Vieh ist in der schmalen Seite des Stalls von Aufsen. Das Futter kann im Innern durch eine Oeffnung im Gebälke vom Boden herabgeschaft werden.

2) In der Hauptetage, eine Wohnung als Miethe, für eine kleine bürgerliche Familie, die entweder vom städtischen Geräusch entfernt, ihre Tage unter den glücklichern Landbewohnern verleben, oder nur im Frühjahre und in den heifsern Sommermonaten die Landluft geniefsen will.

a ein offener Platz mit einer Gallerie, die mit einem hölzernen Geländer von natürlicher Farbe umgeben, dessen Form im einfach chinesischen, oder sicherer im altdeutschen Style aus der Zimmermannskunst, ausgedrükt ist; ein grofses Wohnzimmer, aus welchem man zugleich durch die Thüre b in die Halle a tritt, deren Gebälke vier Pfeiler tragen, die als Fortsetzungen der untern anzusehen sind; d ein Wohnzimmer, e die dazu gehörige Kammer. f ist eine von dem Wohnzimmer d abgesonderte Kammer, und l ein kleines Kämmerchen. k sind Abtritte. h die Treppe, um in die Dachstuben und Dachkammern zu kommen, wovon die letztern für das Gesinde eingerichtet werden können.

Aus dieser Etage kommt man durch eine Thüre auf den Boden über dem Kuhstall, weil die Fufsböden in einerlei Ebene liegen, und daher, weil das Gesinde auf- und abgeht, ist der Treppenplatz in der Hauptetage von den Wohnzimmern durch eine Wand abgesondert. Hierdurch fallen alle Collisionen und Störungen weg, die sonst Statt haben könnten.

Die Farbe des Anputzes, oder die der natürlichen Baustoffe mufs dem Zwecke des Hauses ebenfalls gemäs sein. Sie sei in keinem Geschosse zu grell und stufe sich angenehm ab. Die des Erdgeschostes sei die Farbe der Sand- oder anderer Bruchsteine, und die der Hauptetage gleiche der Farbe der Ziegeln. Die grofsen Flächen werden durch die Fugenlinien regelmäfsig durchschnitten; die Farbe der gezahnten Eckeneinfassungen sei um einige Grade heller, als die der Flächen, oder falle ins Weifsgraue.

Bei dieser Einrichtung kann das gegenwärtige Bauerhaus auch ein Muster einer kleinen Meierei darstellen, die entweder einer bürgerlichen Familie in der Stadt oder einer Landherrschaft zugehört, die ihre übrigen Besitzungen in der Ferne hat.

Unter dieser Voraussetzung giebt die Hauptetage eine angenehme Sommerwohnung der besitzenden Familie.

So gestaltet verräth das Gebäude Wohlhabenheit und Geschmak am Anständigen, nach Verhältnis des Standes des Eigenthümers.

Ein Gebäude dieser Art, schickt sich in Dörfer in der Nähe einer grofsen Stadt.

Liegen die übrigen Wirthschaftsgebäude zur Seite und gegenüber um einen geräumigen und reinlichen Hof, so erhöht es den Eindruk um so mehr, je besser es sich gegen die andern, durch bessere und regelmäfsige Bauart abstuft.

In einem Gebirgsdorfe, in welchem die Bauerhöfe auf Anhöhen liegen, das durchfliefsende Wasser aber, und die etwas erhöhte Strafse, mehr in der Tiefe, würde dies Haus, auch von der letztern aus gesehen, eine doppelt angenehme Wirkung machen. Gränzt die eine schmale Seite an den Garten, der das Gehöfte umgiebt, und weiset die Rükseite aufs Feld, wo Getreidefluren, Wiesen, Berge und Thäler abwechseln, und eine Stadt vielleicht in der Ferne den Hintergrund macht; so ist eine Wohnung dieser Art nicht nur ein angenehmer Wohnort des Landmannes, sondern auch ein beneidenswerthes Plätzchen eines Städters, der von Geschäften auf einige Zeit ausruhen, seine Gesundheit herstellen, oder sein Vermögen schonen will.

IV und V.

Ein etwas grofses Landwohnhaus.

No. IV. enthält den Grundrifs des untern Geschosses, oder das Parterre, und den Aufrifs der vordern Seite, oder die Hauptfaçade.

Im Grundrisse ist A der Vorplatz, dessen Decke durch zwei Säulen unterstützt wird, B das Gesellschaftszimmer mit zwei Kaminen, worinn Thüren und Fenster symmetrisch auf einander treffen, und worunter eine Blindthüre in der Wand ist, oder an deren Stelle ein Wandschrank mit einer dergleichen Thüre angebracht werden kann. C und D sind Nebenzimmer; E ist ein Kabinet; F die Wohnstube; G die Küche; H die Speisekammer und I die Treppe, welche in das obere Halbgeschofs führt. Unter der Treppe können die Privete angebracht werden.

Im Aufrisse der vordern Seite, sieht man die Treppe in das Parterre in der Höhe des Sockels, und im Sockel die Kellerlöcher. Die Anzahl und Gröfse der unter dem Parterre liegenden Keller richtet sich nach den individuellen Bedürfnissen des Besitzers. Die Säulen sind toskanisch, ohne Fufs und Fufsgestelle, und haben über sich einen durchgehenden und oberwärts am runden Gliede verzierten Architrav. Thüre und Fenster haben scheitrechte Bogen, und das Fenster im Halbgeschosse oder in der Entresole ist bogenförmig und pafst auf die im Parterre stehenden Säulen. Die Wände des Parterre und der Entresole sind gequadert. Im Dache stehen eine Reihe Fenster, die eine längliche Luke zusammen ausmachen, und erleuchten den im Dache befindlichen Boden.

Der auf dem Dache, um die Attique befindliche Altan ist mit einem Geländer von chinesischem Gitterwerke umgeben. Die Attique selbst ist in der flachen Wand holländisch abgeputzt; Thür- und Fenstereinfassungen so wie die Wandecken sind mit Quadern verzahnt. Die Attique deckt ein Fronton mit einem Giebelfelde, dessen Gesimse ein Theil des Gebälkes aus einer höhern Ordnung, und mit Modillons versehen ist.

No. V. enthält den Grundrifs der Entresole und des Saals in der Attique, nebst der hintern Façade.

a ist der Vorplatz, b der Grundrifs des Saals in der Attique. c, d, e, f und g sind Zimmer im Halbgeschosse für die besitzende Familie und ihre Bedienung. Die sämmtlichen Scheidewände treffen auf die untern, auf welchen sie auch ruhen. h ist ein Wandschrank im Zimmer g. Die Treppe i führet in das Dach und in die Attique. k ist ein Gang, um auf der kleinen Treppe in den Saal b der Attique zu kommen.

Ueber dem Vorplatze a ist ein Boden, der zum Troknen der Wäsche etc. gebraucht werden kann. Dieser Bodenraum verschaft zugleich dem hinter ihm befindlichen Gange, der über dem Gange k im Halbgeschosse liegt, und zu dem Saale b führt, Beleuchtung.

Wenn man den Raum in der Entresole über dem Saale B im Parterre nicht nöthig braucht, so kann der Saal B durchgehen, und seine Decke den Fufsboden des Saals b vertreten. Sollte man aber dies nicht wollen, so kann man den Raum im Halbgeschosse, zwischen beiden Sälen B und b, zu einem Vorrathsboden benutzen.

Die hintere Wand tritt bis an das Ende des Ganges um die Attique vor. Statt der Dachluke an der vordern Seite steht eine senkrechte Tafel mit allegorischen Figuren, oder mit irgend einer Geschichte aus der Mythologie. Die Arbeit kann das Werk des Malers oder des Bildhauers sein, im letzten Falle im Relief.

Die hintere Thüre im Parterre hat ununterbrochene Gewände, die ein gerader Sturz, verziert aus einem Kranzgesimse deckt, welcher von geschweiften Consoles unterstützt wird.

Dieses Gebäude besitze eine reiche bürgerliche oder adelliche Familie, die Vermögen genug besitzt, angenehm und von Wirthschaftsgeschäften entfernt zu leben.

Der Ort sei in oder nahe an einem ansehnlichen Dorfe, dessen Einwohner wenigstens zum Theil gebildete Menschen sind, die sich entweder dem Handel oder Kunstarbeiten widmen. Das Gebäude stehe auf einer mäfsigen natürlichen Erhöhung, oder in einer solchen Ebene, die durch keine Naturgegenstände gedeckt wird.

Der freie, um das Haus liegende und mit Bäumen besetzte Platz, führe im regelmäfsigen geraden oder gekrümmten Gängen in einen Garten, dessen Gröfse das Auge des Beobachters vom Gange um die Attique oder vom Altane übersehen und fassen kann.

Fenster oder Thüre der Attique führe auf Gänge oder lichte Partien des Gartens, die im Hintergrunde mit irgend einem interessanten Gegenstande begränzt sind; oder eine Aussicht ziehe das Auge auf verschönerte Naturanlagen, die andere aber ins Freie, so, dafs es in einer mäfsigen Entfernung auf lachende Fluren, wohlgebaute Dörfer, oder auf eine nahgelegene Stadt treffe.

So situirt dient die Attique zu einem angenehmen Sommerplätzchen, zumal, wenn in mäfsigen Entfernungen kollosalisch hohe Pappeln die freie Aussicht zu vereiteln streben.

VI.

Ein Landgebäude an einen Fluſs oder an einen groſsen Teich zu placiren.

Die beiden Blätter enthalten die beiden Grundrisse und die Aufrisse von zwei Seiten.

I. Die obere Etage im Grundrisse.
1) Saal.
2) Treppe, welche in das untere Geschoſs führet.
3) Wohnzimmer.
4) Kabinet.
5) Schlafzimmer.
6) Kabinet zum Ankleiden oder Garderobe.
7) Vorzimmer.
8) Degagement (geheime Treppe).
9) Vorzimmer.
10) Gesellschaftszimmer.
11) Schlafzimmer.
12) Kabinet.
13) Vorzimmer.
14) Degagement (geheime Treppe).

II. Die untere Etage im Grundrisse.
1) Treppe, vermittelst welcher man in das
2) Nieschenförmige Gewölbe unter dem Saale kommt, welches bei heiterm Wetter als Speisesaal gebraucht werden kann.
3) Vorrathsgewölbe.
4) Wohnungen für Bediente.
5) Küche.
6) Wohnungen für Offizianten.

E

7) Abtritte,
8) Eingang.
9) Keller.
10) Grundmauern.

III. Aufriſs der Hauptseite oder die Hauptfaçade.

Bei der Auffahrt oder dem Anlaufe gelangt man zwischen zwei Postamenten mit Sphinxen geziert auf fünf Stufen auf einen Perron, von welchem man auf beiden Seiten auf Treppen mit eisernen Geländern zum Haupteingange gelangt, den zwei Säulen einfassen.

In der vordern Seite hat der Saal vier ionische Säulen, deren Fuſs auf dem Gewölbe wie auf Säulenstühlen ruht. Die Säulen tragen ein der Ordnung gemäſses ungekröpftes Gebälke, auf welches sich ein gedrückter Bogen setzt, dessen Raum mit Stralen aus dem Mittelpunkte unterbrochen ist und zum Fenster dient, welches mit den untern, zwischen den Säulen stehenden konnektirt. Ueber den Säulenfüſsen erhöht, steht vor den Fenstern eine Balustrade.

Der Saal, der beide Flügelgebäude verbindet, ragt über diese in der Höhe vor und ist mit einer Kuppel versehen. Unter der stufenförmigen Attique der Kuppel umgiebt das Ganze ein ionisches Gebälke mit allen seinen Theilen.

Die Flügelgebäude selbst sind an den Auſsenseiten sehr einfach abgeputzt. Ein Band trennt beide Etagen, die Fenster sind ohne Gewände und ruhen auf einer bandartigen Sohlbanke.

Das Gesimse springt aus dem Gebälke der Säulen und tritt vor die Dachkante wie eine Attique.

IV. Aufriſs einer Querseite.

In diesem sieht man den Haupteingang einer Seite im Aufrisse. Die beiden Flügelgebäude können mit starkgebrannten Ziegeln, die Kuppel hingegen kann mit Blech gedeckt sein.

Dieses Gebäude könnte im eigentlichen Sinne ein Landschlofs heifsen, und würde sich als Hauptwohnsitz einer Herrschaft gut ausnehmen, die hier im Mittelpunkte ihrer Besitzungen wohnte.

Die ganze Bauart dieses Gebäudes drückt mehr Anständigkeit als Pracht aus. Sie verschaft der Anlage ein gesetztes aber zierliches Ansehen und die darin herrschende edle Simplizität ist unverkennbar. Der vorspringende Saal mit seiner Kuppel ist der Drücker (reveillon) fürs Ganze und erhöht den Eindruck ungemein.

Durch den erhöhten Stand des Gebäudes wird es, von den zur Seite stehenden Gebäuden, hervorgezogen, und verschaft dem Dorfe oder Platze ein bedeutendes Ansehen.

Die Hauptaussicht führe ins Freie, und höchstens treffe die Offiziantenwohnung auf den Wirthschaftshof. Die Anfahrt begränze ein freier Platz, der in der Ferne mit ansehnlichen Bäumen, doch nur licht umgeben ist, damit die freie Aussicht nicht verdeckt werde.

Da die ferne Aussicht auf einen Flufs oder Teich führt, so kann es nicht fehlen, wenn diese Gegenstände hier und da durch die Kunst veredelte Stellen, oder wirkliche Kunstwerke enthalten, dafs ein Aufenthalt und Wohnort dieser Art nicht den Sitz eines gebildeten, geschmackvollen und die edle Simplizität liebenden Besitzers andeuten sollte.

VII.

Ein gothisches Gartengebäude für eine kleine Familie.

Die Zeichnung enthält den Grund- und Aufriſs.

I. Grundriſs.

Gleich am Eingange, zu welchem ein Paar Stufen führen, kommt man in einen kleinen Saal A mit zwei Kaminen. Linker Hand sind zwei Stuben B und C, die zum Bewohnen bequem liegen; rechter Hand ist eine Stube D für besuchende Freunde, an welche hinterwärts die Küche E stöſst. Neben dieser liegt ein Behältniſs F zu mancherlei Gebrauch; auſserhalb derselben befindet sich der Treppenflur mit der Treppe zu den obern Schlafkammern. Ins Haus führen doppelte Eingänge.

II. Aufriſs.

Das Haus steht auf einem völlig massivartig abgeputzten Fuſse, der Festigkeit verräth. Das im Mittel vortretende Risalit enthält die Thüre mit gothischen Bogen ohne allen Putz. Die im Risalite so wohl, als in den zurückspringenden Seitenwänden stehenden Fenster, haben gothische geriefte Säulengewände und in der Mitte eine dergleichen Stütze. Die Bogen haben die regelmäſsige Höhe des Thürbogens und sind mit spitz zusammenlaufenden Gurten durchschnitten.

Der Abputz ist gequadert und druckt sehr gut die gothische Bauart aus. Das Hauptgesimse ist gänzlich charakteristisch, aus lauter runden und geschweiften Gliedern zusammengesetzt.

Auf diesem Hauptgesimse sitzt ein Aufsatz nach Art einer Attique, der an den Ecken massiv, in der Mitte tiefliegend und mit erhöht angebrachten Formen versehen ist, die sämmtlich aus der altgothischen Bauart entlehnt sind. Zu Erreichung der Mannichfaltigkeit hat dieser Aufsatz im Vorsprunge eine andere, aber gleichfalls ächtgothische Bogenverzierung.

Die Giebel sind Brandgiebel, mit auf dem Dache vortretenden treppenartigen Einfassungen. Das Dach ist hoch im gothischen Style und mit Steinplatten gedeckt oder doch so abgeputzt.

Der auf dem Risalite senkrecht stehende hohe Giebel mit seinen stufenartig geformten steinernen Einfassungen, hat in der Mitte ein Fenster in der Thürweite, mit gothischen Bogen und gezahnter Gewändeeinfassung. Das Fensterlicht ist durch zwei geriefte Säulen, so wie das im Gebäude durch eine dergleichen Säule unterbrochen, von welchen Bogen unter spitzen Winkeln von einander auslaufen.

Ueber diesem Fenster in einer Stockwerkshöhe ist ein Bandgesimse gezogen, welches aus Theilen des Hauptgesimses zusammengesetzt ist. Ueber diesem steht ein kreisförmiges Fenster, welches sternartig durchzogen ist. Die flache Wand des Giebels drückt Ziegelsteinmauer aus.

Ein Gartengebäude ist entweder für gewisse Jahrszeiten bestimmt, oder nicht. Ists das erste, so muſs es im Innern nach der Natur der Jahrszeit gebaut und im Aeuſsern darnach charakterisirt werden; im Gegentheile fallen diese Unterschiede weg. Das Gegenwärtige sei keiner besondern Jahrszeit gewidmet, nur durch die Bauart erinnere es an Szenen des Mittelzeitalters oder zeige Spuren der in demselben vorgefallenen traurigen Revolutionen. Immer drückt der gothische Charakter Züge von Härte aus und hat einen Anstrich von düsterer Schwermuth, der sich aber dann ins Behagliche verläuft, wenn man im Gebäude Gelegenheit zum stillen Vergnügen und zur Ruhe findet.

Gegenwärtiges Gebäude stehe in einer Gartenparthie, die bloſse Natur ist, die also der Einbildung erlaubt, aus wilden Naturszenen Gestalten zu schaffen, die der individuellen Stimmung des Bewohners angemessen sind.

Ein, zwischen etwas entfernten Anhöhen oder Felsengruppen, liegender ebener Platz, umgeben mit hohen Ulmen, Eichen und wilden Obstbäumen, oder ein düstres Wäldchen von Fichten und Kreuztannen zusammengesetzt, würde sich zum gothischen Gartenhause gut passen.

Ist in der Nähe die Natur, ganz einfache ungeschmückte Natur, und man trift in einiger Entfernung die gedeihende Kunst, verschönerte Natur und Szenen an, die wie aus dem Dunkel hervorsteigen, und wie hingezaubert erscheinen, so erhöht Ueberraschung und angenehme Unterhaltung den Ort noch mehr, wo Ruhe und Schlaf den müden Wanderer aufzunehmen bereit sind.

Nebenparthien, als Grotten, Lauben, Brücken etc. müssen den Charakter des Hauptgegenstandes, des Hauptgartenhauses untergeordnet sein.

Die Grotte sei mit weichem Moose oder mit Binsenstöcken ausgelegt; die Laube bedecke Epheu oder Wintergrün, oder sie erhalte ihre Existenz von Ellernstangen und sei mit Baumrinde im Innern bekleidet. Die Brücken mache man aus rohen Baumstämmen und Wurzelstücken — kurz; die Gegend um das Gebäude werde ganz kunstlose Natur und drücke nur so viel aus, als das Bedürfniſs höchstens als unentbehrlich erfordert.

VIII und IX.

Ein Wasserkabinet oder ein Brunnengebäude.

Die Zeichnungen enthalten den Grundrifs und die Hauptfaçade, den Aufrifs von der Rückseite und zwei Querdurchschnitte. N. VIII.

I. Der Grundrifs.
   a) ist der Brunnenort oder der Saal.
   b) sind daran stofsende Kabinette.

Wenn eine Quelle in einem Garten vorhanden ist, so läfst sie sich, nach der natürlichen Beschaffenheit des Wassers, auf folgende Art benutzen:
1) als gemeiner Brunnen mit gutem Trinkwasser;
2) als Gesundheitsbrunnen, wenn das Wasser gute mineralische Eigenschaften hat;
3) als Bad zum Privatgebrauche;
4) als öffentliches Bad. In den beiden letzten Fällen kann das Wasser vielleicht auch als Brunnen zum Trinken nützlich sein.

Nach diesen Bestimmungen wird nun theils die Anlage überhaupt, theils die innere Einrichtung insbesondere gemacht.

Im ersten Falle, wenn die Quelle nicht zu weit vom Wohngebäude der Herrschaft liegt, so kann sie gefafst, überbaut und zum ökonomischen Gebrauche benutzt werden. Die Kabinette b geben alsdenn ein Paar angenehme Aufenthaltsörter für die Herrschaft ab, und vertreten die Stelle eines Gartenhauses. Im zweiten Falle kann das eine Kabinet dem Herrn des Gartens, das andere aber Freunden bestimmt werden, welche zu Zeiten von der Quelle Gebrauch machen wollen. Im dritten Falle bleibt ein Kabinet für den Besitzer bestimmt, und das andere kann zu einem kühlen Bade eingerichtet werden. Auch kann bei dieser Bestimmung das Badekabinet mit Einheizungen versehen werden, wenn man nämlich die Schorsteine in die Mauerstärke legt, und folglich können auch warme Bäder statt finden. Im letzten Falle endlich kann das eine Kabinet leicht die Einrichtung für den Brunnenwärter erhalten, und das andere bleibt für kalte und warme Bäder. Für die Bequemlichkeit der Brunnengäste liefsen sich sehr leicht neben der Quelle c, auf beiden Seiten Sitze anbringen, die eine bequeme Lage hätten und im Schatten einen kühlen Aufenthalt verschaften. Auch könnten die Eingänge zwischen den Säulen zum Brunnenplatze, mit leichtem eisernen Gitterwerke von angehehmen Formen, in der Brusthöhe versehen und verschlossen werden.

Der in der Rückmauer angebrachte Schlitz in der Mauer dient dazu, um leichte zu der Hauptröhre, welche die Quelle fafst, zu kommen, und im Winter dieselbe gegen den Frost mit Streue oder Stroh zu verwahren.

Die Kabinette haben ihre Eingänge in den Querseiten, so wie Kommunikation mit dem Brunnenplatze oder Saale.

Das ganze Gebäude liegt etwas erhöht, um dadurch einen trockenen und gesunden Fufsboden zu erhalten. Man kommt auf vier Stufen hinauf.

II. Die Hauptfaçade.

Diese Façade zeigt im mittlern Theile des Gebäudes die Stufen und den in der Höhe derselben gegründeten Fufsboden des Brunnenplatzes. Im Hintergrunde sieht man die Hauptröhre, welche die Quelle fafst und im Fufsboden den Wasserbehälter. Die gerieften Säulen tragen scheinbar die Decke, die ein Gewölbe bildet und muschelförmig verziert ist. Im Vordergrunde stehen neben den Säulen zwei Postamente, worauf Sphinxe liegen. Die äufsere Seite der vordern Mauer ist schlicht abgeputzt und mit ein Paar Rosetten verziert. Die Flügelgebäude haben in der Hauptfaçade Fenster, deren Gewände Säulen sind. Die Sturze werden von Frontöns gebildet und die Wandflächen sind gestreift.

Das Gesimse ist ein Gebälke im Friese mit Strichen, die Zahnschnitte ausdrücken. Ueber dem Kranze steht noch eine kleine Attique. Der mittlere, und hier zurücktretende Theil des Gebäudes ist mit einer höhern

Attique versehen, in deren Wandfläche eine vertiefte Tafel liegt, die mit Arabesken sehr angenehm verziert ist.

Das Ganze drückt Festigkeit aus, und gewährt als Kunstwerk guter Architektur einen soliden und gefälligen Anblick. N. IX.

a) ist der Aufrifs von der Rückseite, woran man die Hauptröhre vorzüglich deutlich sieht. Die Bedachung des Gewölbes ist in diesem Aufrisse unverdeckt;

b) ist ein Durchschnitt eines der Kabinette; so wie

c) den Durchschnitt des Gewölbes und der Dachverbindung des Brunnensaals enthält.

Die Bedachung des Gewölbes so wohl als die der Kabinette wird am zweckmäfsigsten Blech oder Kupfer sein, weil besonders die Kabinette nur flache Dächer haben. Durch ein solches Brunnengebäude erhält zugleich ein Garten oder ein anderer freier Platz eine angenehme Verschönerung. Es treffe demnach die vordere Ansicht eine Gegend zwischen Thälern und Bergen und gewähre eine ausgedehnte weite Aussicht; oder ihr stehe eine mit schönen Laubhölzern eingefafste Wiese entgegen, die einer Anlage zu schattigen Spaziergängen fähig ist, oder schon vollendete Parthien dieser Art enthalte.

Die Bestimmung des Bades an sich, von der des Brunnens abgesondert, ist ein Bedürfnifs; dieses Bedürfnifs aber mufs von einer Seite vorgestellt werden, die den Reiz des Vergnügens erhält. Ein Gebäude dieser Art erfordert demnach eine einsame Lage. Es soll keine neugierigen Blicke auf sich ziehen und kann daher hinter andern Gegenständen versteckt liegen. Pracht und häufige Verzierungen sind überflüfsig; aber seine Form und Einrichtung sei schön, denn es ist ein Ort eines geheimen Vergnügens, und folglich berechtiget, dem Auge zu schmeicheln. Der Hauptcharakter des Bades ist Einsamkeit, und diese verlangt nur eine schwache Beleuchtung.

G

Fast das Gegentheil erfordert ein Privat- oder öffentliches Brunnengebäude, und soll es zu beiden Zwecken dienen, so mufs der Charakter gemischt sein.

Demnach würde ein Gartenplatz der schicklichste Ort eines solchen Brunnengebäudes sein; ein schöner architektonisch richtiger Umrifs und ächte Verzierungen wirken diejenige Aufmerksamkeit, die eine öffentliche Brunnenanstalt verlangt.

Vielleicht hat der Künstler in diesem Gebäude, beide Ideen glücklich vereint! Die Anlage desselben würde ein öffentliches Bad so wohl, als das Bad eines reichen Privatmannes zieren.

X.

Ein Landhaus für eine mittlere Familie.

Die Zeichnung enthält zwei Grundrisse und die Hauptfaçade.

I. Der Grundrifs des Parterre.
  a) Haupteingang nebst den Treppen.
  b) Koridor.
  c) Wohnzimmer.
  d) Schlafzimmer.
  e) Kabinet.
  f) Gesellschaftszimmer, welches durch eine Nieschenförmige Ausdehnung vertieft wird.
  g) Saal in welchem man von aufsen durch thürartige Fenster vermittelst einer Freitreppe kommt.
  h) Küche.
  i) Speisegewölbe.
  k) Abtritte.

II. Der Grundrifs der obern Etage.
  a) Gang.
  b) Wohnzimmer ⎫
  c) Schlafzimmer ⎬ für junge Familie.
  d) Kabinet ⎭
  e) Bedientenstube.
  f) Freier Altan.
  g) Plattes Dach.

Im Erdgeschosse können Keller, Vorrathsgewölbe und dergleichen Behältnisse in der Anzahl angebracht werden, als es das Bedürfnifs der Familie erfordert.

III. Die Hauptfaçade.

Die Mitte des Gebäudes springt vor oder ist ein Risalit, worin der Haupteingang ins Gebäude liegt und zu welchem man auf fünf Stufen kommt. Im Fuſse sieht man die Kelleröffnungen. Die Etage hat die Abtheilungen einer Säule in den Flügeln, im Risalite aber sind beide Etagen durch ein Band von einander getrennt.

Die Hauptetage im Risalite hat viereckige Fenster, von welcher Form auch die dazwischen liegende Thüre ist. Fenster- und Thürgewände sind glatt mit geraden Sturzen, die aus verschiedenen Gliedern bestehen. Die an den Fenstern vortretenden Sohlbänke sind durch würfelartige Konsolen, so wie der Thürsturz durch längliche unterstützt. Ueber den Thür- und Fensteröffnungen liegt ein vertieftes Feld in der Gestalt eines Frieses mit erhöhten Arabesken in Stukkaturarbeit. Die Arabesken aber können auch durch Malerei gut ausgedrückt werden.

Die Fenster der obern Etage setzen sich auf das Bandgesimse, welches die Stelle der Sohlbänke vertritt. Gewände und Sturz sind übrigens ganz einfach und treten nur wenig gegen die Wandfläche vor. Beide Etagen umgiebt ein Gesimse, über welchem ein Fronton mit einem Giebelfelde steht. Das Giebelfeld faſst ein Fenster in der Form eines Kreisabschnittes, welches im Lichten mit Gewänden unterbrochen ist. Die Kuppel, welche mit Schiefer gedeckt werden kann, hat oben einen kleinen Altan, der mit Blech oder Kupfer gedeckt wird.

Die beiden Flügel, in der Höhe einer Etage, haben bogenförmige Fenster, deren Brüstungen nur wenig vertieft liegen. Auf dem Hauptgesimse derselben steht ein kleiner Aufsatz in der Gestalt einer Attique. Die Decken bilden Terrassen oder Altane, die mit gutem Bleche oder mit Kupfer gedeckt werden müssen. Das Ansehen von Festigkeit wird durch die vollkommen quaderartigen Einfassungen verstärkt.

Dieses ganze Gebäude hat eine antique Form aus der höhern oder alten guten Architektur, und verräth Geschmack und Würde.

Da es sich weder durch Höhe noch Umfang merklich auszeichnet, so stehe es auf einem freien Platze in einem Dorfe, oder liege auf einer sanften Anhöhe vor demselben.

Durch seinen edlen Styl in der Architektur muſs es unter einfachern und kunstlosern Gegenständen der Baukunst eine sehr angenehme Wirkung machen. Es sei daher der Sitz einer aufgeklärten, edeldenkenden Familie, die durch Handlungen von innerer Güte geadelt sich mehr, als durch Pracht auszeichnet. So wie veredelte Sitten sich von sittlichen Produkten einfältiger Natur erheben, so erhebt sich ein Gebäude in diesem Charakter vom kunstlosen ländlichen Style.

XI.

Ein Gartensaal im englischen Geschmacke.

Die Zeichnung enthält den Grundrifs nach einem etwas kleinern, die Façade aber nach einem gröfsern Mafsstabe.

I. Der Grundrifs fafst in
a) den Saal selbst, und
bb) sind ein Paar Kabinette.

Saal und Kabinette dienen zur gesellschaftlichen Unterhaltung in einem Garten. Der Saal ist, weil die Thüre (t), durch die Colonnade oder Säulenlaube (d) und den Porticus oder die Halle (c) verbaut sind, kühl.

Auf der Treppe e kommt man unter das Dach und auf das Orchester, wenn der Saal zugleich zum Tanzsaale bestimmt ist. Zu dem Platze der Säulenlaube führt an der vordern Seite eine Freitreppe mit runden, in die Halle an der hintern Seite aber eine dergleichen Treppe mit geraden Stufen.

II. Der Aufrifs oder die Façade zeigt die Colonnade auf der runden Freitreppe vor der Hauptthüre im Risalite, welches das Mittel des Gebäudes merklich hervorzieht. Die Thüre liegt mit ihren Gewänden flach vertieft und über ihrem Sturze, der ins Bandgesimse des Gebäudes fällt, steht ein halbkreisförmiges Bogenfenster, welches im Lichten mit Stralen unterbrochen ist. In den zurückgesetzten Flügeln, liegen die beiden Bogenfenster ebenfalls mit Gewänden und Brüstungen flach vertieft, und ihre Kämpfer treten in das durchgehende oben erwähnte Bandgesimse.

Die Säulen sind hoch und schlank und tragen das darauf gelegte Gebälke, welches als Gesimse das ganze Gebäude umgiebt und an den

Ecken überspringt. Auf der Colonnade liegt ein rundes Dach, welches an das Giebelfeld des Frontons im Risalite gelehnt ist und eine gute Wirkung macht.

Der Saal wird durch die darüber gebaute Kuppel erleuchtet, und das flache Dach muſs mit starkgebrannten Ziegeln oder mit Blech gedeckt werden.

Da das Gebäude nach einer guten Architektur entworfen ist, so kann es an keiner Stelle seine Wirkung verfehlen. Erhöht aber wird die Wirkung dadurch, daſs es zu einem Gartengebäude bestimmt ist.

Die Engländer, Meister in der Gartenkunst, fühlten den Eindruck, den eine reine Architektur machen muſste. Man stelle daher diesen Gartensaal auf eine mäſsige Anhöhe, gebe dem Hauptausgange eine freie Aussicht, den Seiten und dem Revers aber, Parthien im englischen Geschmacke, so wird das Gebäude auch in Deutschlands Gärten mit Beifall gestellt werden können.

Ungeachtet dieser Saal einen fürstlichen Garten zieren wird, so kann er doch auch in den Garten eines reichen Partikulier aufgenommen werden.